KB200460

1

신약

위대한 복음

가스펠 프로젝트 영유아부

1

신약 1

위대한 복음

지은이 | LifeWay Kids
옮긴이 | 권혜신
감　수 | 김병훈

초판 발행 | 2020. 6. 22
2판 1쇄 발행 | 2024. 6. 28
등록번호 | 제1988-000080호
등록된 곳 | 서울특별시 용산구 서빙고로65길 38
발행처 | 사단법인 두란노서원
영업부 | 02) 2078-3352, 3452, 3752, 3781
　　　　 FAX　080-749-3705
편집부 | 02) 2078-3437

활동 연구 | 고은님·김현숙·유은정
　　　　　 진명선·홍선아·황세희

책값은 뒤표지에 있습니다.
ISBN　978-89-531-4708-9　04230
　　　　978-89-531-4724-9 (세트)

홈페이지 | gospelproject.co.kr
두란노몰 | mall.duranno.com

**The Gospel Project
for Babies and Toddlers**

is published quarterly by LifeWay Christian Resources, One
LifeWay Plaza, Nashville, TN 37234, Ben Mandrell, President
© 2016 LifeWay Christian Resources
Translated and used by permission of LifeWay Christian
Resources

This Korean translation edition © 2020 by Duranno Ministry,
38, Seobinggo-ro 65-gil, Yongsan-gu, Seoul, Republic of
Korea. Published by arrangement with LifeWay Christian
Resources

차례

아브라함부터 예수님까지

우리를 사랑하시는 하나님이 예수님을 이 땅에 보내기로 계획하셨어요. 하나님은 아브라함, 이삭, 야곱, 다윗, 솔로몬에게 예수님이 그들의 자손으로 태어날 것이라고 약속하셨고, 정하신 때가 되자 예수님을 이 땅에 보내셨어요. 하나님은 마리아와 요셉을 선택하셔서 예수님의 가족이 되게 하셨어요.

예수님의 가족을 소개해요

동그라미 안에 모두 몇 사람이 있는지 세어 보세요. 선생님을 따라 이름을 불러 보세요.
마지막 빈칸의 주인공은 누구일까요? 그분은 하나님의 약속대로 이 땅에 오신 예수님
이세요. 41쪽 '예수님' 스티커를 떼어 붙이세요.

 이야기 나누기

하나님은 아브라함의 자손으로 예수님을 보내겠다고 약속하셨어요.
하나님은 우리를 사랑하셔서 아들인 예수님을 이 땅에 보내셨어요.
예수님은 이 땅에 아기로 오셨어요. 예수님은 하나님의 아들이세요.

4

2 마리아가 하나님을 찬양했어요

하나님은 마리아에게 천사를 보내셨어요. 천사는 마리아가 남자 아기를 낳게 될 것인데 그 아기는 하나님의 아들이라고 말해 주었어요. 마리아는 놀랐지만 하나님은 못하시는 일이 없는 분이심을 믿었어요. 마리아는 자신을 사용하셔서 하나님의 백성에게 사랑을 보여 주시고 약속을 지키시는 하나님을 찬양했어요.

미로 찾기

전능하신 하나님

마리아가 하나님을 찬양했어요

마리아가 엘리사벳의 집으로 가는 길을 찾아 색연필로 그려 주세요. 마리아가 엘리사벳의 집에 도착하면 41쪽 '마리아' 스티커를 떼어 엘리사벳 옆에 나란히 붙이고, 41쪽 '음표' 스티커로 마리아와 엘리사벳이 하나님을 찬양하는 모습을 표현해 보세요.

준비물 ▶ 색연필

도착

출발

 **이야기 나누기**

하나님은 마리아에게 일어날 일을 알려 주셨어요. 하나님은 마리아를 통해 약속대로 예수님을 보내셨어요. 마리아는 하나님의 백성을 도우시는 하나님을 찬양했어요. 예수님은 하나님의 아들이세요.

3 예수님이 태어나셨어요

드디어 예수님이 이 땅에 오셨어요. 예수님이 태어나신 그날 밤, 한 천사가 목자들에게 좋은 소식을 전했어요. "베들레헴에 구원자가 태어나셨다!" 목자들은 아기 예수님께 찾아와 하나님을 찬양했어요. 먼 곳에 사는 박사들이 별을 따라 예수님을 찾아와 귀한 예물을 드렸어요. 박사들은 하나님이 보내신 특별한 왕이신 예수님을 찬양했어요.

아기 예수님을 찬양해요

선생님이 들려주시는 울음소리를 내는 동물을 찾아 ○표 하세요. 예수님은 겸손한 모습으로 이 땅에 오셨어요. 아기 예수님을 찾아 △표 한 뒤, "예수님이 태어나셨어요!"라고 외치고 친구들과 함께 예수님을 찬양하세요.

준비물 ▶ 색연필

이야기 나누기

하나님의 아들이신 예수님이 유대 땅 베들레헴에서 태어나셨어요.
사람들은 예수님을 보내 주신 하나님을 찬양했어요.

8

누가복음 2:40~52

예수님이 성전에 계셨어요

예수님은 *유월절을 지내러 성전에 가셨다가 가족들이 집으로 떠난 후에도 남아 계셨어요. 예수님은 성전에서 선생님들과 함께 하나님에 관해 이야기하셨어요. 예수님을 발견한 마리아가 걱정했다고 하자 예수님이 말씀하셨어요. "왜 저를 찾으셨어요? 저는 아버지 집에 있어야 해요." 예수님은 지혜와 키가 자라가셨어요.

★유월절 : 하나님이 이집트에서 구원해 주신 일을 기념하는 유대인의 명절

하나님의 아들이신
예수님

예수님은 어디에 계신가요?

왼쪽 그림 힌트를 보고 성전에 계신 어린 예수님을 찾아 ○표 하세요. 예수님께 어떤 일이 있었는지 이야기를 나누어 보세요.

준비물 ▶ 색연필

😊 이야기 나누기

예수님은 하나님 아버지의 구원 계획을 이루기 위해 이 땅에 오셨어요. 예수님은 하나님의 아들이세요.

예수님이 세례를 받으셨어요

세례 요한은 하나님께 잘못을 고백하는 사람에게 요단강에서 세례를 주었어요. 죄가 없는 예수님도 요단강에 오셔서, 세례를 받으셨어요. 그러자 하나님의 성령이 비둘기같이 내려오시고 하늘에서 소리가 들렸어요. "이는 내가 사랑하는 아들이다. 내가 그를 매우 기뻐한다."

세례를 받으신
예수님

성령이 비둘기같이 내려오셨어요

31쪽 벙어리 장갑 모양의 '색종이'를 떼어 그 위에 한 손바닥씩 대고 차례로 색연필로 따라 그린 후 '풀칠' 표시에 풀을 발라 붙여 비둘기 날개와 꼬리를 표현하세요.

준비물 ▶ 색연필, 풀

풀칠
꼬리

풀칠
날개

😊 **이야기 나누기**

예수님은 하나님의 아들이세요. 예수님은 아무 잘못도 없으셨지만 세례를 받으셨어요. 예수님이 하시는 모든 일이 하나님을 기쁘시게 해요.

6

예수님이 시험을 이기셨어요

마귀가 시험하려고 예수님을 찾아왔어요. 마귀는 예수님에게 돌을 빵으로 만들라고 하더니 높은 곳에서 뛰어내리라고 했어요. 또 마귀는 자신에게 절하면 온 세상을 주겠다고 했어요. 예수님은 그렇게 하지 않겠다고 하셨어요. 예수님은 오직 하나님만을 섬겨야 한다고 하시며 하나님의 말씀으로 시험을 이기셨어요.

책 만들기 스티커 붙이기

시험을 이기신 예수님

예수님은 하나님의 말씀으로 대답하셨어요

예수님은 마귀의 시험을 어떻게 이기셨나요? 31쪽 '시험받으신 예수님' 그림을 떼어 선대로 접고 풀칠 표시에 붙인 뒤 41쪽 '예수님', '말씀' 스티커를 붙여 그림책을 완성하세요.

준비물 ▶ 풀

돌들로 떡덩이가 되게 하라.

"하나님의 말씀으로 살 것이다"
마 4:4

풀칠

예수님이 ⬜ 으로 시험을 이기셨어요.

😊 **이야기 나누기**

마귀는 예수님이 하나님께 순종하시지 못하도록 시험했어요. 그러나 예수님은 언제나 하나님께만 순종하셨어요. 예수님은 하나님의 아들이세요.

14

7

니고데모가 예수님을 찾아왔어요

니고데모는 예수님을 더 알고 싶었어요. 니고데모는 밤중에 예수님을 찾아와서 말했어요. "선생님을 보내신 분은 하나님이세요." 예수님은 니고데모에게 다시 태어나야 하나님의 나라를 볼 수 있다고 하셨어요. 하나님은 세상을 구하려고 메시아를 보내셨어요. 메시아이신 하나님의 아들을 믿는 사람은 하나님과 영원히 함께 살 수 있어요.

다른 그림 찾기

물과 성령으로
거듭남

니고데모가 예수님을 찾아왔어요

니고데모가 밤중에 예수님을 찾아와 이야기를 나눴어요. 누가 니고데모이고, 누가 예수님이신가요? 서로 다른 부분 5곳을 찾아 ○표 하세요.

준비물 ▶ 색연필

이야기 나누기

예수님을 믿으면 하나님과 영원히 함께 살 수 있어요. 예수님은 특별한 왕, 메시아로 우리에게 오셨어요. 예수님은 하나님의 아들이세요.

8 세례 요한이 예수님에 관해 말했어요

예수님은 하나님에 대해 가르치시고 세례를 주셨어요. 세례 요한도 세례를 주었어요. 세례 요한의 제자들이 말했어요. "사람들이 예수님을 따르고 있어요!" 세례 요한이 대답했어요. "나는 메시아가 아니고, 메시아의 길을 준비하는 사람일 뿐이다." 세례 요한은 메시아가 오신 것을 기뻐하며 말했어요. "예수님은 나보다 중요하신 분이다!"

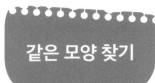

예수님과
세례 요한

세례 요한이 예수님을 전했어요

예수님과 세례 요한은 어떤 일을 했나요? 41쪽 '세례 요한'과 '예수님' 스티커를 떼어 알맞은 곳에 붙이세요. 메시아를 찾아 41쪽 '별' 스티커로 꾸미고, 선생님을 따라 세례 요한이 한 말을 외쳐 보세요. "예수님은 메시아세요."

나이가 아주 많은 부모님의 아들로 태어났어요.

사람들에게 메시아를 맞이할 준비를 하라고 말했어요.

선지자들은 메시아가 베들레헴에서 태어나실 것이라고 예언했어요.

하나님이 "내 사랑하는 아들" 이라고 말씀하셨어요.

예수님께 세례를 주었지만 자신은 메시아가 아니라고 말했어요.

세례 요한

예수님

우리 죄를 대신해 죽으시고 다시 살아나신 구원자세요.

이야기 나누기

세례 요한은 예수님이 중요한 분이시라고 말했어요. 세례 요한은 예수님을 소개하는 것이 기뻤어요. 왜냐하면 예수님은 메시아이시기 때문이에요. 예수님은 우리를 구원하러 오신 하나님의 아들이세요.

9 예수님이 사마리아 여인을 만나셨어요

예수님이 우물가에서 한 사마리아 여인에게 마실 물을 달라고 하셨어요. 사마리아 여인은 깜짝 놀랐어요. 유대인들은 사마리아 사람들을 싫어했기 때문이에요. 예수님이 메시아이심을 알게 된 사마리아 여인은 물동이를 버려두고 마을로 달려가서 사람들에게 이 소식을 알렸어요. 많은 사람이 예수님이 메시아이심을 믿게 되었어요.

사마리아 여인이 예수님을 만났어요

어떤 장면인가요? 33쪽 '사마리아 여인', '물동이' 그림을 떼어 순서에 알맞게 풀로 붙이세요.

준비물 ▶ 풀

😊 이야기 나누기

예수님을 만난 사마리아 여인은 예수님이 메시아이심을 알게 되었어요. 여인은 마을 사람들에게 예수님의 말씀을 들어 보라고 말했어요. 많은 사람이 예수님이 메시아이심을 믿게 되었어요. 예수님은 하나님의 아들이세요.

10 예수님이 고향에서 거절당하셨어요

예수님은 안식일에 고향 나사렛의 회당에서 이사야서의 말씀을 읽으셨어요. "좋은 소식을 전하고, 사람들에게 자유를 주고, 고통받는 사람들을 도와주게 하시려는 것이다." 그러고 나서 "오늘, 이 말씀이 이루어졌다"라고 말씀하셨어요. 이 말을 듣자 사람들이 화를 내며 예수님을 해치려고 했어요.

예수님 스티커 붙이기

복음의 주인공 예수님

좋은 소식, 예수님을 전해요

가난하고 마음이 상한 사람들, 묶여 있는 사람들에게 무엇이 필요할까요? 41쪽 '예수님' 스티커를 떼어 사람들에게 붙이며 좋은 소식을 전해 주세요.

😊 **이야기 나누기**

예수님은 이사야가 기록한 하나님의 말씀을 읽으셨어요. 하나님이 좋은 소식을 전하게 하려고 예수님을 보내셨다는 말씀이었어요. 고통받는 사람들을 도와주기 위해 예수님이 오셨어요. 예수님은 메시아세요. 예수님은 하나님의 아들이세요.

THE GOSPEL PROJECT / THE RESCUE BEGINS

11 예수님이 삭개오를 만나셨어요

여리고에 계신 예수님을 보려고 사람들이 모였어요. 삭개오는 예수님을 보기 위해 나무 위로 올라갔어요. 예수님이 말씀하셨어요. "삭개오야, 내려와라. 내가 오늘 너와 함께 있고 싶다." 삭개오는 행복했어요. 삭개오가 사람들에게 빼앗은 것을 갚겠다고 하자 예수님이 칭찬해 주셨어요. 예수님은 죄인을 구원하기 위해 이 땅에 오셨어요.

친구 되신 예수님

삭개오는 어디에 있을까요?

아래쪽 그림 힌트를 보고 삭개오를 찾아 ○표 하세요. 삭개오는 누구를 바라보고 있나요?
33쪽 '예수님 인형', '삭개오 인형'을 떼어 빨대에 붙여 막대 인형을 만들고, 25쪽 배경 그림을 이용해 역할 놀이를 해 보세요.

준비물 ▶ 색연필, 빨대, 셀로판테이프

 이야기 나누기

사람들은 삭개오를 싫어했어요. 하지만 삭개오는 예수님을 보고 싶어 했고, 예수님은 삭개오를 사랑해 주셨어요. 그리고 친구가 되어 주셨어요. 예수님은 우리를 사랑하세요. 예수님은 우리를 구하려고 오신 메시아세요. 예수님은 하나님의 아들이세요.

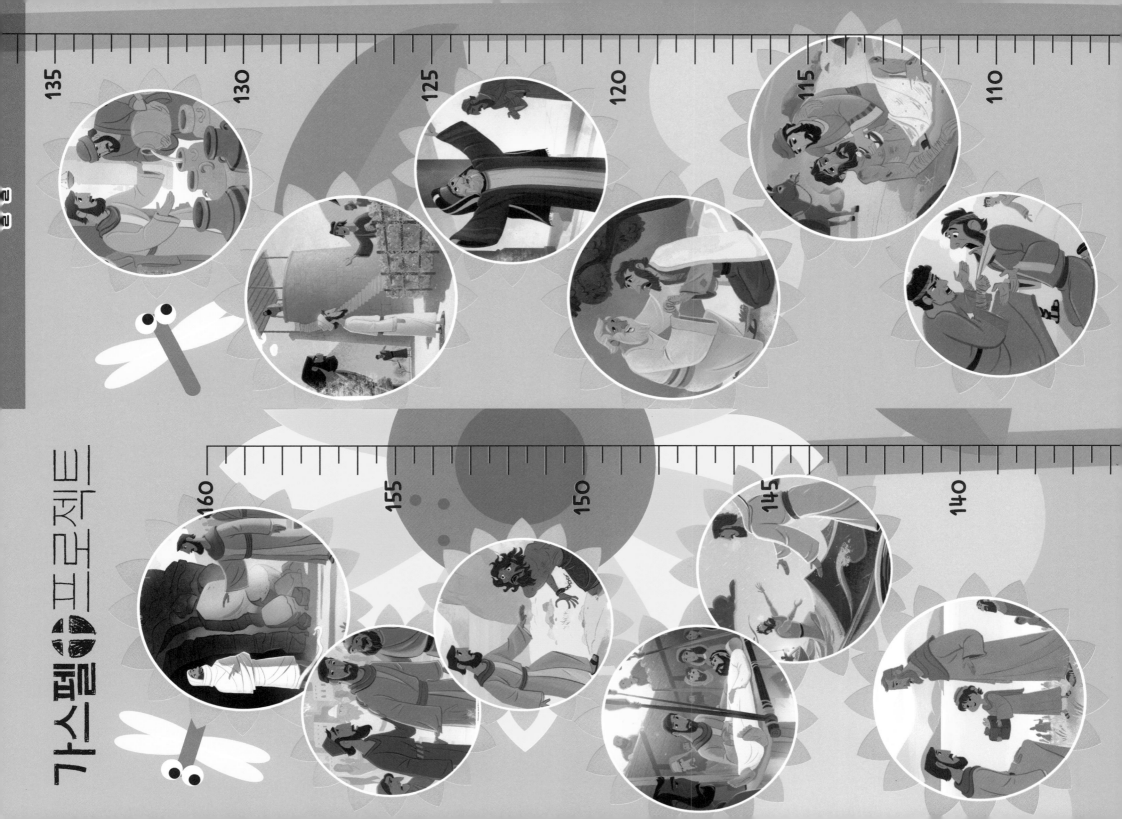

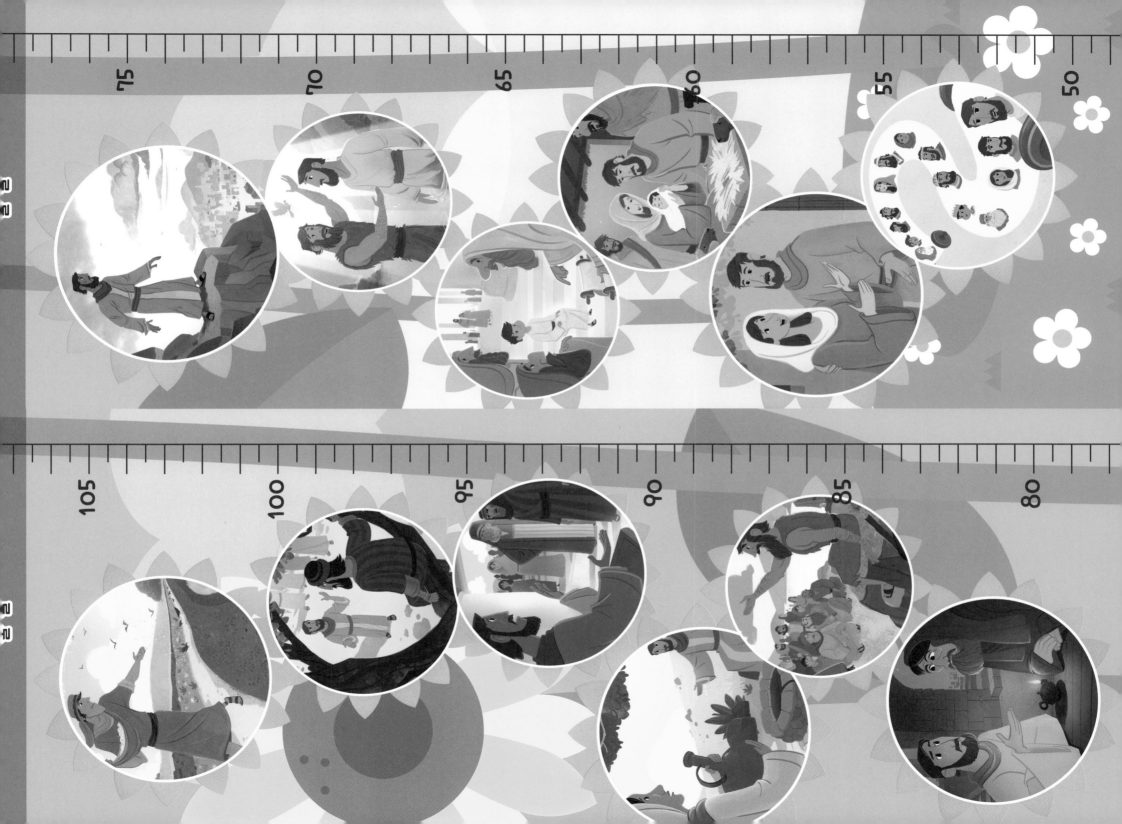

‑‑‑‑‑‑‑‑‑‑ 밖으로 접는 선

풀
칠

성전 꼭대기에서 뛰어내리라.

"하나님을
시험하지 말라"
마 4:7

내게 엎드려 경배하라.

"하나님만
예배하라"
마 4:10

뒷면

풀 칠

가스펠 프로젝트

신약 1

가족 활동
메시지 카드

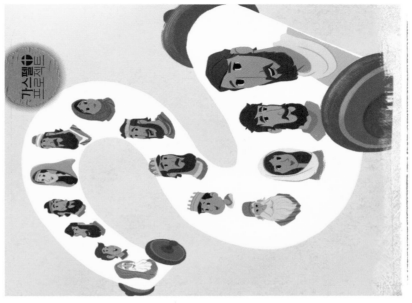

1. 아브라함부터 예수님까지
마 1:1~17

2. 마리아가 하나님을 찬양했어요
눅 1:26~56

3. 예수님이 태어나셨어요
마 2:1~12; 눅 2:1~20

선약1 '위대한 복음'에 담긴 가스펠

400년의 침묵을 깨고, 하나님은 이스라엘 백성에게 약속하신 구원자로 하나님의 백성 예수님을 이 땅에 보내셨습니다. 예수님은 믿음으로 살고, 말씀에서 마귀의 시험을 이기시고 사역을 시작하셨습니다. 예수님을 만난 사람들은 변화되었습니다. 예수님은 우리의 삶을 영원한 생명을 주실 만한 유일한 분이십니다.

부모님께

메시지 카드에는 아이들이 배운 성경 이야기를 되새기며 삶에 적용할 수 있는 가족 활동이 담겨 있습니다. 그림을 보며 성경 이야기를 회상하고 성경 본문을 찾은 으면 가족이 묵상을 나누어 보세요. 카드의 그림은 성경의 흐름을 기억할 수 있는 단서가 될 겁니다.

---

1. 아브라함부터 예수님까지

단원 주제
예수님은 하나님의 아들이세요.

단원 암송
예수님을 믿으면 영생을 얻어요(요 3:16).

가스펠 포인트
하나님은 예수님을 이 땅에 보내겠다고 약속하셨어요. 하나님의 백성은 하나님이 약속을 지키실 것이라고 믿었어요. 예수님은 우리를 사랑하셔서 이 땅에 오셨어요.

가족과 활동해요
· '이야기 성경' 스티커를 붙이며 말씀을 기억해요.
· 부모님, 조부모님, 증조부모님의 옛 모습이 담긴 사진을 아이와 함께 보면서 아이들의 이름들의 조상이라는 것을 이야기해 주세요. 예수님은 하나님의 자손으로 이 땅에 아기로 태어나셔서 우리처럼 가족이 있으셨고 아브라함의 자손이셨다고 말해 주세요.

---

2. 마리아가 하나님을 찬양했어요

단원 주제
예수님은 하나님의 아들이세요.

단원 암송
예수님을 믿으면 영생을 얻어요(요 3:16).

가스펠 포인트
하나님은 예수님을 이 땅에 보내겠다고 약속하셨어요. 마리아는 예수님을 보내시는 하나님을 찬양했어요. 하나님은 못하시는 일이 없어요.

가족과 활동해요
· '이야기 성경' 스티커를 붙이며 말씀을 기억해요.
· 각자 스타일대로 할 동작과 횟수를 정하세요. 함께 스트레칭을 시작하고, 정한 횟수를 다 할 때까지 대화할 때마다 "하나님은 못하시는 일이 없어요!"라고 외쳐 보세요.

---

3. 예수님이 태어나셨어요

단원 주제
예수님은 하나님의 아들이세요.

단원 암송
예수님을 믿으면 영생을 얻어요(요 3:16).

가스펠 포인트
예수님은 베들레헴에서 태어나셨어요. 사람들은 예수님을 보내신 하나님을 찬양했어요. 하나님은 우리를 사랑하셔서 예수님을 보내셨어요.

가족과 활동해요
· '이야기 성경' 스티커를 붙이며 말씀을 기억해요.
· 하나님이 우리를 사랑하셔서 보내 주신 예수님의 탄생을 축하하고 예수님께 감사하는 파티를 열어 보세요. 생일 케이크, 과자, 고깔모자 등을 준비하고 기쁨을 기념하며 하나님께 예수님을 보내 주셔서 감사하다고 기도해 보세요.

4. 예수님이 성전에 계셨어요

눅 2:40~52

5. 예수님이 세례를 받으셨어요

마 3:13~17; 막 1:1~11; 눅 3:21~22; 요 1:19~34

6. 예수님이 시험을 이기셨어요

마 4:1~11

7. 니고데모가 예수님을 찾아왔어요

요 3:1~21

단원 주제
예수님은 하나님의 아들이세요.

단원 암송
예수님을 믿으면 영생을 얻어요(요 3:16).

가스펠 포인트
예수님은 예배하러 성전에 가셨어요.
예수님은 하나님의 계획을 이루기 위해 이 땅에 오셨어요.
예수님은 하나님과 이 땅의 부모님께 순종하셨어요.

가족과 활동해요
• '이야기 성경' 스티커를 붙이며 말씀을 기억해요.
• 성전에 예배하러 가셨던 예수님처럼 가족과 함께 집에서 찬양하고, 말씀을 읽고, 기도하며 예배를 드려 보세요. 가정은 작은 교회라고 이야기해 주세요.

단원 주제
예수님은 하나님의 아들이세요.

단원 암송
예수님을 믿으면 영생을 얻어요(요 3:16).

가스펠 포인트
예수님은 사탄에게서 유혹을 뿌리치셨고 죄를 짓지 않으셨어요.
예수님은 항상 하나님께 순종하셨어요.
하나님은 우리를 사랑하셔서 예수님을 보내셨어요.

가족과 활동해요
• '이야기 성경' 스티커를 붙이며 말씀을 기억해요.
• 가족과 함께 '순종하는 아이'를 해 보세요. "하나님이 말씀하신 앞에 붙이면 그대로 따라 하고, "하나님이 말씀하셨다"를 붙이지 않은 명령은 따라 하지 않는 거예요. 예) "하나님이 말씀하셨다, 손뼉을 쳐라"(따라 하기), "손뼉을 놓아라"(따라 하지 않기) 등.

단원 주제
예수님은 하나님의 아들이세요.

단원 암송
예수님을 믿으면 영생을 얻어요(요 3:16).

가스펠 포인트
예수님은 항상 하나님께 순종하셨어요.
요한은 예수님께 세례를 주었어요. 하나님의 뜻이 이루어지게 되었어요.
하나님은 예수님이 하시는 모든 일을 기뻐하세요.

가족과 활동해요
• '이야기 성경' 스티커를 붙이며 말씀을 기억해요.
• 하나님이 하나님께 순종하신 예수님을 기뻐하시는 것처럼 아이가 순종할 때 하나님이 기뻐하신다는 사실을 이야기해 주세요. 아이가 부모님 말씀에 순종할 때마다 기쁨을 표현하며 축복해 주세요.

단원 주제
예수님은 메시아세요.

단원 암송
"내가 곧 길이요 진리요 생명이니"(요 14:6).

가스펠 포인트
니고데모가 밤에 예수님을 찾아갔어요.
예수님은 하나님과 영원히 함께 살게 해 주세요.
하나님은 우리를 사랑하셔서 예수님을 이 땅에 보내셨어요.

가족과 활동해요
• '이야기 성경' 스티커를 붙이며 말씀을 기억해요.
• 그릇에 달걀을 깨 노른자와 흰자의 색과 맛과 냄새를 관찰한 후, 가족 수만큼 달걀 노른자를 넣어 보세요. 달걀이 변한 것처럼 전과 후의 상태를 비교하며 말씀 안에 의의 변화되었다고 말해 주세요. 이와 같이 예수님을 믿으면 우리는 하나님의 자녀로 변화된다고 이야기해 주세요. 예수님을 믿고 하나님과 영원히 함께 살게 해주신 하나님께 감사 기도를 드려요.

8. 세례 요한이 예수님에 관해 말했어요

요 3:22~36

9. 예수님이 사마리아 여인을 만나셨어요

요 4:1~42

10. 예수님이 고향에서 거절당하셨어요

눅 4:14~30

11. 예수님이 삭개오를 만나셨어요

눅 19:1~10

8. 세례 요한이 예수님에 관해 말했어요

단원 주제
예수님은 메시아이세요.

단원 암송
"내가 곧 길이요 진리요 생명이니"(요 14:6).

가스펠 포인트
세례 요한은 메시아가 아니었어요. 세례 요한은 자기보다 예수님이 더 중요한 분이시라고 말했어요. 예수님은 하나님의 아들이세요.

가족과 활동해요
• '이야기 성경' 스티커를 붙이며 말씀을 기억해요.
• 가족 수만큼 간식 접시를 준비하게 하세요. 그중 한 개는 아주 특별하게 꾸미고 가족 중 중요한 사람을 중요한 손님으로 정해 간식을 대접해 보세요.
• 아이들에게 세례 요한이 예수님을 가장 중요하신 분으로 소개했다고 이야기해 주고, 예수님을 보내주신 하나님께 감사 기도를 드리세요.

9. 예수님이 사마리아 여인을 만나셨어요

단원 주제
예수님은 메시아이세요.

단원 암송
"내가 곧 길이요 진리요 생명이니"(요 14:6).

가스펠 포인트
예수님은 사마리아 여인에게 자신이 메시아라고 말씀하셨어요. 사마리아 여인은 사람들에게 와서 예수님의 말씀들을 보라고 말했어요. 사람들은 예수님이 하나님의 아들이심을 믿었어요.

가족과 활동해요
• '이야기 성경' 스티커를 붙이며 말씀을 기억해요.
• 물이나 음료수를 마실 때마다 "예수님은 영원히 목마르지 않은 생명의 물을 주시는 분이에요"라고 말해 주세요.

10. 예수님이 고향에서 거절당하셨어요

단원 주제
예수님은 메시아이세요.

단원 암송
"내가 곧 길이요 진리요 생명이니"(요 14:6).

가스펠 포인트
예수님은 나사렛에서 이사야의 글을 읽으셨어요. 예수님은 하나님이 좋은 소식을 전하게 하시려고 자신을 보내셨다고 말씀하셨어요. 하나님은 우리를 사랑하셔서 예수님을 보내셨어요.

가족과 활동해요
• '이야기 성경' 스티커를 붙이며 말씀을 기억해요.
• 가족과 함께 이불로 '김밥 싸기 놀이'를 해 보세요. 이불에 둘둘 말려 감겨나갈 때 "자유롭게 예수님, 감사합니다!"라고 외쳐 보세요.
• 생명이 종이비행기를 접어서 날리며 "좋은 소식을 전하신 예수님, 감사합니다!"라고 이야기해 보세요.

11. 예수님이 삭개오를 만나셨어요

단원 주제
예수님은 메시아이세요.

단원 암송
"내가 곧 길이요 진리요 생명이니"(요 14:6).

가스펠 포인트
예수님은 삭개오를 찾아오셨어요. 사람들은 삭개오를 싫어했지만, 예수님은 삭개오를 사랑하셨어요. 예수님은 우리를 구하려고 오셨어요.

가족과 활동해요
• '이야기 성경' 스티커를 붙이며 말씀을 기억해요.
• 집에서 가족들과 함께 숨바꼭질을 해 보세요. 이때 술래가 가족 중 누군가를 찾으면 "나와 친구가 되어 줄래? 밖으로 나와!"라고 말하고 약속하게 되면 마음으로 생명의 말씀을 진행해 보세요.

1과
예수님

2과
마리아,
음표

6과
예수님,
말씀

말씀

10과
예수님

8과
세례 요한,
예수님, 별

그의 이름은
요한이다.

41

1과

2과

3과

4과

5과

6과

7과

8과

9과

10과

11과